¿Qué es
la Copa Mundial?

Bonnie Bader

ilustraciones de Stephen Marchesi

traducción de Yanitzia Canetti

Penguin Workshop

Para David—BB

Para Louis y Dennis, mis dos hermanos y
compañeros de equipo—SM

PENGUIN WORKSHOP
Un sello editorial de Penguin Random House LLC, Nueva York

Publicado por primera vez en los Estados Unidos de América por Penguin Workshop,
un sello editorial de Penguin Random House LLC, Nueva York, 2018

Edición en español publicada por Penguin Workshop,
un sello editorial de Penguin Random House LLC, Nueva York, 2022

Derechos © 2018 de Penguin Random House LLC
Derechos de la traducción en español © 2022
de Penguin Random House LLC

Traducción al español de Yanitzia Canetti

Visítanos en línea: penguinrandomhouse.com.

Los datos de Catalogación en Publicación de la Biblioteca del Congreso están disponibles.

Impreso en los Estados Unidos de América

ISBN 9780593522646   10 9 8 7 6 5 4 3 WOR

Contenido

¿Qué es la Copa Mundial? 1

El inicio de los Juegos 5

La racha ganadora de Italia en 1934 y 1938. . . 18

Regresa la Copa Mundial 29

Pelé 40

Campeones y multicampeones 55

La manía de las tarjetas rojas 66

La Copa Mundial llega a Estados Unidos . . 70

Dos anfitriones y un cabezazo 81

Las protestas 91

Controversia 100

Cronologías 106

Bibliografía 108

¿Qué es la Copa Mundial?

Ciudad de México

El 21 de junio de 1970, más de cien mil aficionados al fútbol abarrotaron el Estadio Azteca. Estaban allí para ver la final de la Copa Mundial entre Brasil e Italia. Por primera vez, dos bicampeones de la Copa Mundial (Brasil en 1958 y 1962, e Italia en 1934 y 1938) se enfrentarían.

También fue la primera vez que un partido de la Copa Mundial se televisó en color, no en blanco y negro. Los jugadores brasileños vestidos con camisetas amarillo canario y *shorts* azul claro, y los italianos, de azul y blanco, corrían de un lado a otro sobre el césped verde intenso.

A los veinte minutos de juego, la estrella brasileña Pelé remató de cabeza el balón y superó al portero italiano. Brasil ganaba 1-0. Luego, Italia igualó el marcador. La tensión aumentó. Pero el

equipo brasileño era fuerte. Regatearon y pasaron el balón de un lado a otro del campo y ¡GOL!

Brasil iba ganando por un punto. ¿Podrían mantener la ventaja? Eso parecía. Cinco minutos más tarde, Brasil marcó otro gol, poniendo el marcador 3-1.

Entonces, un delantero brasileño en el lateral izquierdo pasó el balón a un compañero que regateó entre cuatro jugadores italianos. Tras otro pase, Pelé tenía el control del balón. Con calma,

con tranquilidad, sereno, Pelé pasó el balón al capitán del equipo, Carlos Alberto, quien lo estrelló con su pie derecho en la esquina de la red. Los aficionados brasileños enloquecieron. Brasil no solo había asegurado la victoria, sino que el mundo acababa de presenciar uno de los goles más bellos y memorables de la historia de la Copa Mundial.

CAPÍTULO 1
El inicio de los Juegos

Cada cuatro años, los aficionados al fútbol abarrotan los estadios de todo el planeta para animar a sus equipos en la Copa Mundial. Varios millones más ven los partidos por televisión. El Mundial, como también es conocida la Copa, es el evento deportivo más visto en el mundo.

El *soccer*, conocido fuera de Estados Unidos como fútbol, se jugó por primera vez en 1863 en Inglaterra. Poco después, varios clubes se unieron formando la *London Football Association* (Asociación de Fútbol de Londres). Desde entonces, este deporte ganó rápidamente popularidad en todo el mundo. ¿Por qué? Porque el fútbol es un deporte muy fácil de jugar. Todo lo que se necesita (además de los jugadores) es un campo y un balón.

Las porterías se pueden hacer con cualquier cosa: cubos de basura, conos, incluso mochilas. Pero en los partidos oficiales hay reglas sobre el campo, el balón y el equipo que usan y llevan los jugadores.

En 1904, se fundó en París una organización internacional de fútbol llamada *Fédération*

FIFA

FIFA fundada en 1904

Logotipo de la FIFA desde 1977 a 1995

Internationale de Football Association (Federación Internacional de Fútbol Asociado), o FIFA. Al principio solo siete países eran miembros: Francia, Bélgica, Dinamarca, Holanda, España, Suecia y Suiza. Al año, el número aumentó a quince tras la adhesión de Alemania, Austria, Inglaterra, Hungría, Irlanda, Italia, Escocia y Gales. La FIFA quería celebrar un torneo en 1906. Pero nunca se celebró. ¿Por qué? ¡Porque ninguno de los equipos envió una solicitud para jugar!

En 1924, la FIFA tenía un nuevo presidente, Jules Rimet. En los Juegos Olímpicos de Verano de 1928, Rimet y el congreso de la FIFA intentaron de nuevo organizar un

Jules Rimet

7

El campo

El fútbol puede jugarse en césped natural o artificial, siempre que sea verde. El campo debe ser rectangular y estar marcado por dos líneas de gol cortas y dos líneas de banda largas. En la parte central de las líneas de gol están las porterías.

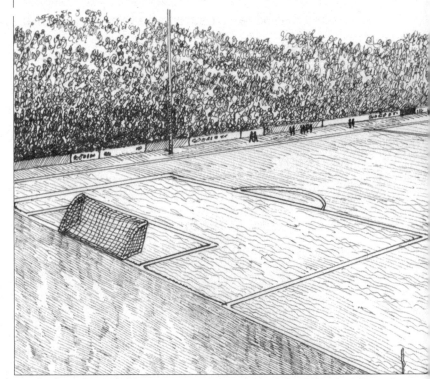

Cuando el balón pasa por encima de la línea de gol donde se encuentra la portería, se marca un gol. Cuando el balón pasa por encima de las líneas de banda, está fuera de límites. El campo está dividido en dos mitades. En el centro del campo hay un círculo. Los jugadores contrarios no pueden entrar en él durante el saque del otro equipo.

campeonato de fútbol internacional.

Uruguay, que había ganado la medalla de oro olímpica de fútbol, fue seleccionado para organizar la primera Copa Mundial.

Sin embargo, algunos países de la FIFA no estaban de acuerdo. Uruguay está en Sudamérica, y se quejaron de que tardaría demasiado llegar allí. Por entonces, se viajaba en barco, y tomaba mucho tiempo. Otro problema era el gasto. Muchos jugadores no tenían dinero para viajar tan lejos, aunque la FIFA prometió pagar algunos

gastos de viaje. Además, los equipos europeos no querían perder a sus mejores jugadores durante dos meses: ¡ese era el tiempo que estarían fuera!

Como resultado, algunos de los mejores equipos (Inglaterra, Italia, España, Alemania y Holanda) se quedaron fuera. Los organizadores se pusieron nerviosos. ¿Había suficientes equipos para competir en Uruguay? Rimet intervino y convenció a Bélgica, Francia, Rumanía y Yugoslavia para que participaran. El Rey Carol II de Rumanía seleccionó al equipo de su país y les

Países que compitieron en la primera Copa Mundial

¿Qué es un equipo de la Copa Mundial?

Cada país miembro de la FIFA puede formar un equipo para la Copa Mundial. Cada uno tiene su propio proceso de selección, pero en general, los jugadores elegidos son los mejores en ese deporte. Los deportistas pueden jugar por el país del que son originarios ellos, sus padres o su familia. Así, si un jugador ha vivido cinco años en Estados Unidos, pero ha nacido en Brasil, puede jugar para Estados Unidos o para Brasil, si es seleccionado.

dio a los jugadores tres meses de vacaciones.

Al final, con la incorporación de Argentina, Brasil, Bolivia, Chile, México, Paraguay, Perú y Estados Unidos, trece equipos compitieron en la primera Copa Mundial.

En la Copa Mundial, hay una serie de partidos de eliminación para llegar a la final. El 15 de julio de 1930, Argentina y Francia disputaron el segundo partido de la Copa Mundial. Fue un partido muy reñido, en el que ambos equipos controlaron bien el balón y defendieron sus porterías. Cuando se cumplieron los ochenta minutos, el partido estaba sin goles. Entonces, en el minuto ochenta y uno, el argentino Luisito Monti marcó. Francia estaba debajo por uno y jugó aún más fuerte. De repente, el árbitro hizo sonar su silbato. El partido había terminado. Argentina había ganado.

Pero, ¡no tan rápido!

El árbitro se había equivocado. ¡Quedaban aún seis minutos de juego! Los jugadores tuvieron que volver al campo. Algunos ¡tuvieron que salir corriendo de las duchas de los vestuarios!

Pero al final, incluso con el tiempo adicional, Francia perdió el partido.

El último partido fue entre dos países sudamericanos, Uruguay y Argentina. Uno de los jugadores estrella de Argentina era el delantero de 20 años Francisco "Pancho" Varallo. Él se había perdido el partido de semifinales por una lesión en la rodilla.

Antes de la final, Varallo fue examinado por un

¿Cuánto dura un partido?

Un partido de fútbol se divide en dos tiempos de cuarenta y cinco minutos. El árbitro puede añadir tiempo extra para cosas como parar el juego por lesiones, pero el reloj no se detiene tan a menudo como en el fútbol americano. El descanso no dura más de quince minutos. Si el partido no tiene goles al final de los noventa minutos, se añaden dos tiempos extra de quince minutos.

médico que dijo que su rodilla estaba demasiado hinchada para jugar. Pero el médico era el hijo del presidente de Uruguay, y Varallo pensó que le habían dado un diagnóstico falso ¡solo para que no jugara! Varallo entrenó y sintió que su rodilla estaba bien, y decidió jugar. En el vestuario, antes del partido, Varallo leyó algunos telegramas enviados por los aficionados, y rompió a llorar ante las palabras de apoyo.

Casi setenta mil aficionados abarrotaron el Estadio Centenario de Montevideo. Los ánimos estaban caldeados. Se llamó a la policía para que registrara a los fanáticos en busca de armas. Querían que todos estuvieran seguros. Cuando Varallo estrechó la mano de sus rivales al comienzo del partido, le dijeron que le golpearían su rodilla en el campo. Y así fue. En el descanso, apenas podía correr. Pero siguió jugando.

Muchos de los jugadores argentinos estaban asustados cuando salieron al campo en el segundo tiempo. La hinchada uruguaya se fue saliendo de control. Y aunque la escuadra argentina luchó mucho, cayó ante Uruguay por un marcador de 4-2. Varallo dijo más tarde: "Desde lo mejor hasta lo peor, ese día pasó de todo".

La primera Copa Mundial había terminado, y fue un gran éxito. Ahora la FIFA tenía cuatro años para planificar un torneo aún más grande y mejor.

CAPÍTULO 2
La racha ganadora de Italia
en 1934 y 1938

Treinta y dos países se presentaron a la siguiente Copa Mundial, y dieciséis consiguieron entrar. Italia fue elegida como anfitriona, pero Uruguay se negó a participar. Seguían molestos porque Italia no había jugado en su Copa Mundial. Así que, por despecho, se retiraron.

Uruguay no era el único país descontento con la elección de Italia. En aquella época, el país estaba gobernado por un terrible dictador, Benito Mussolini. Muchos temían que Mussolini utilizara la Copa Mundial para promocionarse como líder de Italia. Suecia se ofreció para organizar el torneo, pero al final pareció que Italia estaba mejor preparada para acoger el torneo.

Los primeros partidos comenzaron el 27 de

mayo en ocho ciudades de Italia, y la final se celebró el 10 de junio en Roma entre Checoslovaquia e Italia. Mussolini estaba allí. Checoslovaquia marcó el primer gol y los hinchas italianos se pusieron nerviosos y furiosos. Mussolini permaneció

Benito Mussolini (1883-1945)

Mussolini nació el 29 de julio de 1883 en Predappio, Italia. Tras graduarse en la escuela, se dedicó a la política. Fue encarcelado varias veces por protestar contra el gobierno. En 1919, fundó su propio partido político llamado Partido Fascista. En el fascismo, el gobierno tiene todo el poder y los individuos ninguno.

En 1922, Mussolini asumió el gobierno de Italia. Nadie podía cuestionar su poder. En 1939, cuando estalló la Segunda Guerra Mundial en Europa, Italia estaba del lado de los nazis. Luchó contra los Estados Unidos, así como contra otros países llamados Aliados. En septiembre de 1943, Italia se rindió a los Aliados. El 28 de abril de 1945, Mussolini fue ejecutado.

sentado en las gradas, en silencio, mirando a los jugadores en el campo. Algunos dicen que Mussolini le había dicho al entrenador italiano que no admitiría una derrota.

En el minuto ochenta y uno, Raimondo Orsi hizo un disparo y... ¡GOL! Y en los primeros cinco minutos de la prórroga, el italiano Angelo

Schiavio marcó el gol de la victoria. Una vez más, el equipo anfitrión había ganado la Copa Mundial.

Cuatro años después, la Copa Mundial se celebró en Francia.

Una vez decididas las naciones participantes, los equipos compitieron por una de las dieciséis plazas de finalista. Austria estaba entre ellos. El único problema era que, en junio de 1938, Austria ya no existía como país. Había sido invadida y unificada con Alemania.

Como resultado, los mejores jugadores de fútbol de Austria debían jugar para

Matthias Sindelar

Alemania. Pero uno de los mejores jugadores

Adolfo Hitler (1889-1945)

En 1933, Adolfo Hitler fue nombrado canciller de Alemania. Uno de los ídolos de Hitler era Benito Mussolini, y al igual que él, Hitler consiguió hacerse con el poder, convirtiéndose en führer (líder). El sueño de Hitler era gobernar sobre toda Europa. En 1939 comenzó la Segunda Guerra Mundial con la invasión de Polonia. Hitler además odiaba tanto al pueblo judío que quería matarlos a todos. Obligó a los judíos a ir a campos de concentración donde fueron exterminados seis millones de ellos junto con otros seis millones de personas que eran los "enemigos" de Hitler. El 30 de abril de 1945, justo cuando la derrota de Alemania era inminente, Adolfo Hitler se suicidó.

austríacos, Matthias Sindelar, se negó. De nuevo, fue una cuestión de política. Sindelar no apoyaba al terrible líder alemán, Adolfo Hitler.

El equipo alemán se quedó sin Sindelar. Menos de un año después, lo encontraron muerto. Algunos piensan que fue asesinado por sus ideas políticas.

Alemania seguía teniendo un equipo fuerte, incluso sin Sindelar, y esto complacía a Hitler. Pero Mussolini no iba a dejar que el equipo de Hitler ganara la Copa Mundial. Según la leyenda, Mussolini envió al equipo italiano un mensaje muy corto pero claro: "Ganar o morir". Algunos pensaron que este mensaje significaba que el equipo se esforzara al máximo, pero otros creían que Mussolini no estaba bromeando: Si el equipo perdía, ¡los mataría a todos!

En cualquier caso, Alemania quedó fuera del torneo antes de tiempo, al perder contra Suiza por 4-2. A pesar de que un jugador suizo marcó un gol en contra (para los alemanes), los suizos marcaron cuatro goles para eliminar al equipo alemán.

Italia paseó la distancia, pero no sin algunos momentos insólitos. En el partido de semifinales

contra Brasil, el delantero de Italia, Giuseppe Meazza, se disponía a lanzar un penalti cuando ¡se le cayó el *short*! Manteniendo la calma, Meazza se levantó el *short* y estrelló el balón contra la red.

En el partido final contra Hungría, Italia ganó 4-2. Después del partido, el portero húngaro, que al parecer había oído la historia de la amenaza de Mussolini al equipo italiano, dijo: "Puede que hayamos perdido el partido, pero hemos salvado once vidas". No imaginaba que, a partir del próximo año, se perderían muchas más vidas en la Segunda Guerra Mundial, vidas de aficionados y jugadores.

Y nadie sabía que el mundo tendría que esperar doce años para ver otro partido de la Copa Mundial.

CAPÍTULO 3
Regresa la Copa Mundial

La Segunda Guerra Mundial terminó el 2 de septiembre de 1945. Al año siguiente, la FIFA empezó a organizar la Copa Mundial de 1950. Brasil sería el anfitrión, por lo que tendrían que construir un nuevo estadio en solo veintidós meses. Sería el más grande del mundo, tendría asientos para 220 000 espectadores.

Treinta y cuatro equipos presentaron sus

solicitudes y catorce se clasificaron. Las otras dos plazas fueron para Brasil, el anfitrión, e Italia, el actual campeón. Pero cuando tres países se retiraron, la competición se redujo a trece equipos.

En las rondas de clasificación, Estados Unidos quedó en un grupo con Inglaterra, Chile y España. Tras perder su primer partido contra España por 3-1, Estados Unidos se enfrentó a Inglaterra. Los pronósticos apuntaban a una goleada británica. En aquella época, el fútbol no era un deporte popular en Estados Unidos. A diferencia de Inglaterra, Estados Unidos no tenía un equipo profesional: el *Team USA* estaba formado por jugadores amateurs. Pero los jugadores tenían corazón. Salieron al campo decididos a dar lo mejor de sí mismos.

Inglaterra disparó un tiro tras otro. Pero el portero, Frank Borghi, los paró todos. En el minuto 37, el centrocampista estadounidense Walter Bahr pateó un balón desde 25 metros.

El portero inglés vio el balón y se colocó en posición para hacer la parada. Al mismo tiempo, el compañero de Bahr, Joseph Gaetjens, ¡voló hacia el balón y lo cabeceó! El balón cambió su trayectoria y entró en la red.

Los jugadores ingleses no podían creerlo. Tampoco los aficionados. Y eso no fue todo. Como los ingleses no pudieron responder al gol, perdieron el partido por 1-0. La derrota provocó una gran conmoción en la comunidad futbolística, especialmente en Inglaterra. De hecho, se dice que algunos ciudadanos británicos que leyeron el resultado al día siguiente en el periódico, pensaron que había una errata y que Inglaterra había ganado realmente por 1-0... ¡o incluso por 10-1!

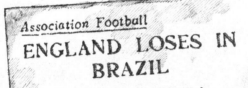

Association Football
ENGLAND LOSES IN BRAZIL

United States 1. England 0
BELLO HORIZONTE. JUNE 29.
England was beaten 1-0 here today by the United States in pool B of the World Cup Association Football tournament. The Americans hung stubbornly on to the lead

A pesar de la sorprendente victoria, Estados Unidos perdió ante Chile en su siguiente partido y no logró avanzar. Aunque algunos esperaban que la victoria contra Inglaterra impulsara el fútbol estadounidense, no fue así. El equipo de Estados Unidos tardaría otros cuarenta años en volver a clasificarse para la Copa Mundial.

El fútbol no necesitaba ningún impulso en Brasil: los brasileños estaban locos por el juego y ¡querían ganar la Copa Mundial! Brasil jugó el partido final contra Uruguay el 16 de julio. Más de doscientos mil aficionados llenaron el estadio Maracaná. Los dos equipos jugaron duro, y el

partido llegó sin goles al final del primer tiempo. Pero a los dos minutos del segundo tiempo, el brasileño Albino Friaça Cardoso mandó el balón al fondo de la red. ¡GOL! El público estalló en vítores. El confeti cubrió el campo.

El polvorín explotó. Aun así, los aficionados sabían que los brasileños no podían aflojar, no contra un equipo tan fuerte como Uruguay.

Posiciones en el fútbol

Cada equipo tiene once jugadores: diez en el campo y un portero situado frente a la portería. Las posiciones básicas en el campo son los defensores, los mediocampistas y los delanteros o goleadores. El trabajo de los defensores es proteger la portería. Intentan evitar que el otro equipo marque. Los defensores tienen diferentes nombres. Los defensas

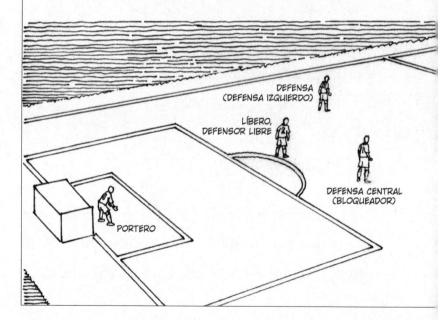

DEFENSA
(DEFENSA IZQUIERDO)

LÍBERO,
DEFENSOR LIBRE

DEFENSA CENTRAL
(BLOQUEADOR)

PORTERO

centrales permanecen en el centro, el líbero se queda atrás junto a la portería y los laterales defienden los costados. Algunos equipos juegan con laterales que recorren todo el campo defendiendo, pero también pueden atacar. Los mediocampistas unen el ataque y la defensa. Llevan el balón a los delanteros y también intentan detener el balón antes de que llegue a los defensores. Los delanteros son los jugadores que marcan los goles.

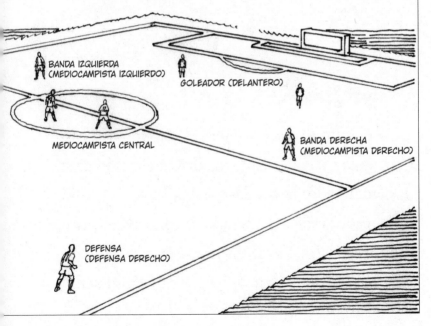

BANDA IZQUIERDA
(MEDIOCAMPISTA IZQUIERDO)

GOLEADOR (DELANTERO)

MEDIOCAMPISTA CENTRAL

BANDA DERECHA
(MEDIOCAMPISTA DERECHO)

DEFENSA
(DEFENSA DERECHO)

En el minuto sesenta y seis, el extremo derecho
de Uruguay, Alcides Ghiggia, dribló el balón ante
un defensa y lo pasó a Juan Schiaffino. Y, ¡GOL!
El marcador estaba empatado. Ahora, a solo once
minutos del final del partido, Ghiggia tenía el
balón en la banda derecha. Al ver que el defensa

estaba fuera de posición, ¡Ghiggia pateó y marcó!

El estadio quedó en silencio. Todos estaban conmocionados. Y el silencio duró hasta el final. Uruguay ganó su segunda Copa Mundial, dejando a Brasil, y a sus aficionados, atónitos.

CAPÍTULO 4
Pelé

Brasil no llegó a la final de la Copa Mundial de 1954. Esos juegos coronaron a un nuevo ganador: Alemania Occidental. El equipo brasileño todavía estaba dolido por sus dos derrotas consecutivas cuando llegaron los juegos de 1958, organizados

por Suecia. Pero esta vez, Brasil tenía un arma secreta llamada Pelé.

Pelé nació el 23 de octubre de 1940, en Três Corações, Brasil. Sus padres le pusieron el nombre de Edson Arantes do

Nascimento, en honor a Thomas Edison.

Nadie sabe exactamente cuándo, o cómo, recibió el nombre de Pelé, un apodo que nunca le gustó.

Desde niño, Pelé estaba enganchado al fútbol. Al crecer muy pobre, tuvo que fabricar sus balones de fútbol con calcetines viejos rellenos de trapos y periódicos. Driblaba con ellos dondequiera que iba. A los quince años, se incorporó al Santos, un club de fútbol profesional de Brasil. Y en cuanto saltó al campo, ¡fue una sensación! A los dieciséis años, era el máximo goleador de su liga y fue reclutado para jugar con la selección brasileña.

El 24 de junio de 1958, Pelé, con diecisiete años, estaba en el campo con su equipo, esperando enfrentarse a Francia en las semifinales de la Copa Mundial. Francia había aplastado a sus dos rivales anteriores y llegaba al partido confiada. Sin embargo, a los dos minutos, Brasil marcó. Francia empató, pero Brasil volvió a golear en el minuto treinta y nueve. En el segundo tiempo, Pelé sorprendió a sus rivales al marcar tres goles, convirtiéndose en el jugador más joven de la historia de los mundiales en hacer un *hat trick* (triplete). El partido terminó con la victoria de Brasil 5-2.

El 29 de junio, unos cincuenta mil aficionados

abarrotaron el Råsunda Fotballstadion de Solna para ver al equipo local sueco que se enfrentaba a Brasil en la final. Otros miles estaban pegados a sus televisores en casa.

Al final del primer tiempo, Brasil ganaba por un gol. Entonces, a los cincuenta y cinco minutos, Pelé recibió el balón justo delante de la portería. Cuando la defensa sueca se abalanzó sobre él, Pelé hizo rebotar el balón en su pie y lo envió por encima de la defensa. En un instante, burló a los defensores, recibió el balón y lo mandó al fondo de la red. ¡GOL! Brasil aumentó su ventaja 3-1, y trece minutos más tarde hizo el 4-1.

Pero Suecia no estaba dispuesta a caer fácilmente. Faltando diez minutos, redujeron la diferencia, 4-2. Entonces Pelé se precipitó hacia la portería intentando recibir un pase. Saltó al mismo tiempo que el portero sueco. ¿Quién llegaría al balón primero? Pelé cabeceó el balón por encima de los brazos extendidos del portero y ¡GOL!

El presidente de la FIFA entrega el primer trofeo de la Copa Mundial al presidente de la Asociación Uruguaya de Fútbol, 1930

El equipo uruguayo y los aficionados celebran tras la victoria en la Copa Mundial de la FIFA, 1930

Estadio Maracaná en Brasil, 1950

La reina Isabel entrega el Trofeo Jules Rimet al capitán de Inglaterra, Bobby Moore, tras la final de la Copa Mundial, 1966

Inglaterra marca su polémico tercer gol durante la final de la
Copa Mundial de la FIFA, 1966

Pelé (izquierda) jugando un partido de cuartos de final de
la Copa Mundial de la FIFA, 1970

Un jugador italiano es derribado durante la final de
la Copa Mundial de la FIFA, 1970

Lluvia de confeti desde las gradas tras la victoria de Argentina en la final de
la Copa Mundial de la FIFA, 1978

Pelé jugando para el Cosmos de Nueva York

El italiano Paolo Rossi marca el primer gol contra Alemania Occidental en la final de la Copa Mundial de la FIFA, 1982

Los jugadores de Camerún celebran durante la Copa Mundial de la FIFA, 1990

El defensa colombiano Andrés Escobar yace en el suelo después de patear el balón en su propia puerta durante un partido, 1994

Un jugador recibe una tarjeta roja, Copa Mundial de la FIFA, 1998

Los aficionados brasileños deletrean el nombre de la estrella
Ronaldo en la Copa Mundial de la FIFA, 2002

La selección brasileña celebra su quinta victoria en la Copa Mundial de la
FIFA, 2002

El francés Zinedine Zidane juega durante la final de la Copa Mundial de la FIFA, 2006

Manifestación en Sudáfrica durante la Copa Mundial de la FIFA, 2010

Los seguidores de Sudáfrica hacen sonar las vuvuzelas en la
Copa Mundial de la FIFA, 2010

La gente se reúne en Brasil para protestar contra la FIFA, 2014

Actual trofeo de la Copa Mundial masculina de la FIFA

Alemania con el trofeo de la Copa Mundial de la FIFA, 2014

Pelé calló de rodillas, con los ojos anegados en lágrimas de alegría. ¡Brasil había ganado! Sus compañeros lo levantaron en hombros. Y aunque los suecos habían perdido, no podían dejar de admirar a la nueva superestrella del fútbol.

Después del Mundial, Pelé recibió ofertas

para jugar en clubes de fútbol europeos. Pero el presidente de Brasil hizo que Pelé fuera declarado patrimonio nacional. Eso le hizo legalmente difícil jugar para otro país.

Pelé volvió a ser el centro de atención nacional para el Mundial de 1962 en Chile. Aunque sufrió una lesión al principio del torneo, Brasil ganó su segunda Copa Mundial.

La Copa Mundial de 1966 fue organizada por Inglaterra, y Brasil tenía la esperanza de conseguir una tercera victoria. Pero los equipos contrarios jugaron fuerte contra Pelé: lo golpearon, lo hicieron tropezar, y lo derribaron cada vez que pudieron. Estaba tan magullado que no pudo jugar el partido de Brasil contra Hungría en la segunda ronda. Brasil perdió 3-1, y más tarde fue eliminado de la competencia. En cuanto a Pelé, dijo que no volvería a jugar un partido de la Copa Mundial. Le dijo a un periodista: "El fútbol se ha distorsionado por la violencia y las tácticas

destructivas. No quiero terminar mi vida como un inválido".

Aunque Brasil estaba fuera, el equipo local seguía dentro, y llegó a la final para enfrentarse a Alemania Occidental. Los aficionados ingleses se sentaron ansiosos en el estadio de Wembley, en Londres. Todos esperaban ser testigos de la primera victoria de Inglaterra en la Copa Mundial, un país que veneraba el fútbol. Al final del primer tiempo, el marcador estaba empatado. Cuando faltaban trece minutos para el final, el inglés Martin Peters mandó el balón al fondo de la red. ¡GOL! Los aficionados enloquecieron.

Luego, el alemán Wolfgang Weber se hizo con el balón y lo estrelló contra la red. El partido se empató y se forzó a los tiempos extra.

Los equipos lucharon con fiereza. El inglés

Geoff Hurst recibió un pase de su compañero de equipo, Alan Ball, justo delante de la portería alemana. Hurst mandó el balón por el aire. Este golpeó el poste de la portería y cayó justo detrás de la línea. ¡GOL!

La multitud enloqueció, pero se silenció un momento después cuando un juez de línea hizo sonar su silbato. El árbitro dijo que el balón había caído delante de la línea de gol, descalificándolo.

Los jueces de línea y el árbitro se reunieron en el campo. Los aficionados esperaban nerviosos en las gradas. Por fin se tomó una decisión: el gol valía. Pero aún quedaba tiempo. ¿Podría Alemania remontar? No, pues Inglaterra marcó otro gol, y el resultado final fue de 4-2. Toda Inglaterra celebró esta primera victoria en la Copa Mundial. No se

Los árbitros

En el campo, la palabra del árbitro es ley. Si se cuestiona su decisión, un jugador puede ser sancionado. Además de conocer todas las reglas, un árbitro debe tratar bien a los jugadores, saber hablar inglés y otro idioma. El árbitro también debe estar en plena forma física. Un árbitro puede correr una media de doce millas por partido.

imaginaban que esta sería su primera y última victoria en un Mundial hasta el presente.

Cuando México organizó la Copa Mundial de 1970, Brasil tenía uno de los equipos más fuertes en el campo, encabezado por Pelé.

Sí, ¡Pelé había vuelto!

Aunque había prometido no volver a jugar, cambió de opinión después que la FIFA estableciera el sistema de tarjetas amarillas y rojas. Cualquier jugador que cometiera una falta a propósito sobre otro jugador, recibiría una tarjeta amarilla como advertencia. Una tarjeta roja significaba la expulsión del partido.

Brasil enfrentó a Italia en la final y ganó por 4-1, dándole al país su tercera Copa Mundial. Pelé anunció su retirada del fútbol en 1974, pero volvió a jugar

Las tarjetas amarillas y rojas

Una tarjeta amarilla se le aplica a un jugador como advertencia cuando muestra un comportamiento agresivo o antideportivo, no está de acuerdo con el árbitro, sigue infringiendo las reglas del juego, lo retrasa o no respeta la distancia durante un saque de esquina, tiro libre o saque de banda. Las tarjetas rojas son para infracciones  más graves. Estas se sacan por juego violento, por escupir a un adversario o a un árbitro, por impedir un gol con la mano (excepto para el portero), por cometer un penalti a propósito para impedir un gol, por utilizar palabras obscenas o por recibir dos tarjetas amarillas. Cuando un jugador recibe una tarjeta roja, es expulsado del partido.

una vez más con el Cosmos de Nueva York en la Liga de Fútbol de América del Norte.

Pelé jugó su último partido en una exhibición en octubre de 1977, entre el Cosmos y el Santos. Durante el partido, ¡jugó para los dos equipos! Se retiró con un total de 1281 goles en 1363 partidos. Para muchos, Pelé es el mejor jugador de fútbol de todos los tiempos.

CAPÍTULO 5
Campeones y multicampeones

El año 1974 supuso un cambio en la mecánica del juego. Hasta entonces, los jugadores tenían una posición fija. Los defensores se quedaban cerca de su portería, los delanteros se situaban hacia la portería del adversario, etc. Ahora los jugadores pueden moverse por todo el campo. Si un defensa no está cerca de la portería contraria, un centrocampista puede ocupar su lugar. Este estilo de juego, conocido como Fútbol Total, requiere que los jugadores conozcan todas las posiciones y estén preparados para moverse en cualquier momento del partido.

La Copa Mundial de 1974 fue para Alemania Occidental, dándole a este país su segunda victoria. Y en 1978, Argentina, el anfitrión del

Mundial, se coronó campeón por primera vez. En 1982, Argelia se incorporó a la Copa Mundial y sorprendió a Alemania Occidental ganándole 2-1 en la primera ronda. En el último partido de su grupo, Alemania Occidental tenía que ganarle a Austria para pasar a la siguiente ronda. Si no, Argelia avanzaría. Los austriacos querían que fuera Alemania Occidental la que avanzara; así

funcionaban las cosas en esa etapa clasificatoria, Austria no podía avanzar si Alemania Occidental no ganaba. Y dejaron que esta marcara a propósito. Pero si los alemanes le ganaban a los austriacos por tres o más goles, Argelia avanzaría en lugar de Austria, y Alemania Occidental no quería enfrentarse de nuevo a los argelinos. Austria quería avanzar por la vía fácil y no tener que enfrentarse a Argelia, a la que veían como una amenaza.

Así que los austriacos permitieron que Alemania Occidental ganara ese partido por 1-0. Los argelinos protestaron, pero fueron eliminados.

Alemania Occidental pasó a la fase final y se enfrentó a Italia. Cuando el equipo alemán salió al campo el 11 de julio en Madrid, España, los aficionados lo abuchearon. Todavía estaban enfadados por el injusto avance de este

a costa de Argelia. Italia era la clara favorita sobre el terreno.

El primer tiempo del partido transcurrió sin goles. Entonces Italia atacó. Primero marcó Paolo Rossi, y seis minutos después, su compañero de equipo Marco Tardelli estrelló otro en la red. Alessandro Altobelli

remató con otro gol. Al final, el público tuvo la recompensa de ver a Italia ganar su tercer Mundial.

El Mundial de 1986 estuvo a punto de no tener anfitrión. El país sudamericano, Colombia, fue seleccionado. Pero en 1982 el gobierno admitió no tener fondos suficientes para pagar los juegos. Construir estadios cuesta mucho dinero. México dio el paso al frente y asumió la sede.

Pero el 19 de septiembre de 1985, la Ciudad de México fue golpeada por un terrible terremoto. ¿Tendría la FIFA que buscar aún otro anfitrión? No. Sorprendentemente, aunque esta tragedia causó miles de muertos y heridos, los estadios de fútbol quedaron intactos. El gobierno mexicano quería celebrar el Mundial para levantar el ánimo de sus ciudadanos.

Diego Maradona

Este Mundial dio la bienvenida a tres nuevos equipos: Canadá, Irak y Dinamarca.

Pero Argentina, con su exaltada estrella Diego Maradona, era el equipo favorito. El temperamento de Maradona hizo que lo expulsaran del Mundial de 1982, en un partido contra Brasil. Pero ahora, Maradona estaba listo para brillar.

En un emocionante partido de cuartos de

¿Quién entra?

En 1982, veinticuatro equipos disputaron la Copa Mundial. Y en 1998, el número se amplió a treinta y dos equipos. El camino para jugar en el Mundial es largo y complicado.

El país anfitrión accede automáticamente a jugar, lo que deja treinta y una plazas. Entonces, los aproximadamente doscientos equipos restantes que quieren jugar tienen que competir en competencias preliminares. ¡Estas competencias comienzan dos o tres años antes de la Copa Mundial! La competición se divide en seis zonas: África, Asia, Europa, CONCACAF (Norteamérica,

Centroamérica y el Caribe), Oceanía (Pacífico Sur) y Sudamérica. Antes de cada Copa Mundial, la FIFA determina cuántas plazas obtendrá cada zona en función de la fuerza de los equipos de la misma.

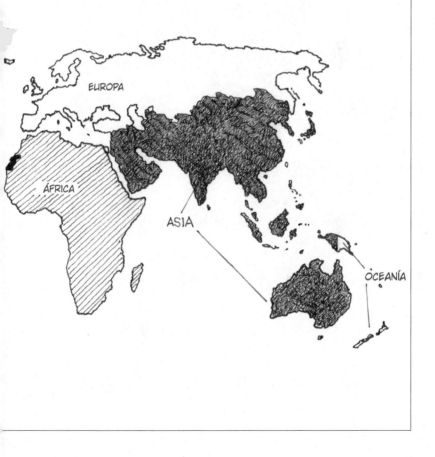

final contra Inglaterra, Maradona corrió a recibir un balón lanzado al aire por un defensa inglés. Con sus cinco pies cinco pulgadas de estatura, Maradona era bajito pero intrépido. Saltó al mismo tiempo que el portero inglés, que medía

seis pies. Ambos cayeron al suelo y el balón se estrelló en la red: ¡gol para Argentina! Maradona saltó para celebrarlo. Pero había golpeado el balón con la mano, una falta grave. Sin embargo, como no había repetición y el árbitro no vio la falta, el gol contó. Maradona dijo después que el balón entró en la red por "la mano de Dios".

El buen juego de Maradona ayudó a que Argentina llegara a la final contra Alemania Occidental. Los alemanes estaban atentos a cada movimiento de él, dificultando que marcara. Entonces, a solo seis minutos del final del partido, y con el marcador empatado a dos, Maradona hizo un increíble pase a su compañero Jorge Burruchaga. ¡GOL! Argentina ganó su segunda Copa Mundial.

CAPÍTULO 6
La manía de las tarjetas rojas

Aunque la regla de la tarjeta roja comenzó en 1970, ese año no se sacó ninguna. De hecho, a lo largo de las décadas de 1970 y 1980, no se sacaron más de ocho tarjetas rojas en cada Mundial. La historia fue diferente en 1990. La Copa Mundial de 1990, disputada en Italia, acumuló dieciséis tarjetas rojas.

¿Por qué?

En esta, los árbitros pusieron mucha atención a las entradas fuertes y las faltas flagrantes. Pero eso no impidió el juego rudo.

Argentina se abrió paso en el torneo, sorprendiendo y dejando a Brasil en el camino. En el partido contra Italia, el argentino Ricardo Giusti fue sancionado con una tarjeta roja. Los fans italianos estaban tan disgustados con el juego sucio de los argentinos que los abuchearon cuando saltaron al campo en su último partido contra Alemania Occidental.

El juego sucio continuó en el último partido. El argentino Pedro Monzón fue el primer expulsado de una final de la Copa Mundial. Luego, su compañero Gustavo Dezotti se unió a él en este dudoso honor tras derribar a un jugador de Alemania Occidental.

Al final, el juego sucio de Argentina se volvió en su contra cuando a Alemania Occidental se le concedió un penalti y ganó 1-0. Alemania Occidental se unió a Italia y Brasil, con tres Copas Mundiales.

Un equipo con corazón

En el partido inaugural de la Copa a de 1990, una nación africana, Camerún, sorprendió a Argentina al vencer a la potente selección por 1-0. El excelente juego de Camerún fue liderado por Roger Milla, de treinta y ocho años. En un principio, el entrenador de Camerún pensó que Milla era demasiado viejo para jugar. Pero el presidente de Camerún insistió en que Milla se incorporara al equipo.

Aunque Milla no fue titular, marcó dos goles en la victoria sobre Rumanía que ayudó a que Camerún pasara a los cuartos de final. Era la primera vez que una nación africana llegaba tan lejos. Aunque Camerún no llegó más allá, se metió en el corazón de los aficionados al fútbol de todo el mundo.

CAPÍTULO 7
La Copa Mundial llega a Estados Unidos

Estados Unidos quería organizar la Copa Mundial de 1994. Sin embargo, la FIFA dijo que

Logotipo original de la MLS

Estados Unidos tenía que desarrollar primero una liga de fútbol profesional. Esto demostraría el compromiso del país con este deporte. Estados Unidos aceptó, y en 1996 se creó la *Major League Soccer* (Liga Mayor de Fútbol).

La Copa Mundial se jugó del 17 de junio al 17 de julio en nueve lugares de Estados Unidos: Palo Alto y Pasadena en California; Dallas, Texas; Orlando, Florida; Pontiac, Michigan; Chicago, Illinois; East Rutherford, Nueva Jersey; Foxborough, Massachusetts; y Washington, DC.

LOS ESTADOS UNIDOS

PALO ALTO

PASADENA

CHICAGO

PONTIAC

FOXBOROUGH

EAST RUTHERFORD

WASHINGTON, D.C.

DALLAS

ORLANDO

Las distintas sedes implicaban jugar en climas muy diferentes, desde el calor seco de Palo Alto, pasando por la humedad de East Rutherford y Washington, hasta el calor y la humedad extremos de Dallas y Orlando. No obstante, los partidos atrajeron a un público récord, con una media de casi setenta mil personas por partido, lo que resultaba sorprendente en un país en el que ¡el fútbol aún no era tan popular!

El 17 de julio, Brasil e Italia se enfrentaron en el partido final en el Rose Bowl de Pasadena. Cada país había ganado ya tres Copas Mundiales.

Mayor League Soccer
(Liga Mayor de Fútbol)

La creación de una organización de fútbol de Grandes Ligas en Estados Unidos ¡fue una empresa de gran envergadura! Había que construir o reservar estadios. Había que formar equipos. Todo esto requería mucho dinero. En 1996, había diez clubes de fútbol: Colorado Rapids, Columbus Crew, Dallas Burn, D.C. United, Kansas City Wiz, Los Ángeles Galaxy, New England Revolution, New York/New Jersey MetroStars,

San José Clash, y Tampa Bay Mutiny. En 2017, solo quedaban cinco de los equipos originales, pero la liga tiene ahora veintidós equipos (tres en Canadá), con planes de expansión. La *Major League Soccer* no solo atrajo la atención a este deporte en el país, sino que ayudó al crecimiento de los equipos juveniles. Hoy en día, niños de todo Estados Unidos juegan en equipos de fútbol.

Al final del tiempo reglamentario, ninguno de los dos equipos había marcado. Tras 120 minutos de intenso juego, y por primera vez en la historia de la Copa Mundial, el ganador se decidiría en una contienda de uno contra uno: los tiros de penaltis. Cada equipo tenía cinco oportunidades de marcar un gol mediante un jugador que disparaba directamente a la red. Solo el portero defendía. El equipo que marcara más goles en los penaltis ganaría.

Ninguno de los dos equipos marcó en su primer disparo. Al final de la tercera ronda, estaban empatados 2-2. Luego, Brasil se adelantó en la cuarta ronda por 3-2. El italiano Roberto Baggio se enfrentó a la red en la quinta ronda. Tenía que marcar para empatar el partido. Baggio midió al portero, disparó, y el balón voló por encima de la portería. Baggio falló, e Italia perdió. ¡Brasil ganó su cuarta Copa Mundial!

Cambios en las reglas

Varias reglas del fútbol se modificaron a partir de la Copa Mundial de 1994:

1. Los porteros ahora solo podrían recibir pases de sus compañeros con los pies y no con las manos.

2. Si un jugador que driblaba el balón era objeto de una falta, y solo el portero se encontraba entre él y la portería, el jugador que cometiera la falta recibiría una tarjeta roja.

3. Hasta ahora, los árbitros pitaban muchos fuera de juego, ¡probablemente la regla más confusa del fútbol! Cuando un jugador tiene el balón y se dirige a la portería en la mitad del campo de su adversario, el que recibe el balón debe estar a la altura o por detrás del penúltimo defensor del otro equipo. El fuera de juego también se puede señalar cuando un jugador ofensivo está

cerca de la portería, por delante del balón y del penúltimo defensor, cuando el compañero que tiene el balón le hace el pase. Ahora se les dijo a los árbitros que suavizaran esta regla, y que cuando no estuvieran seguros de si un jugador atacante estaba en fuera de juego, continuaran el juego.

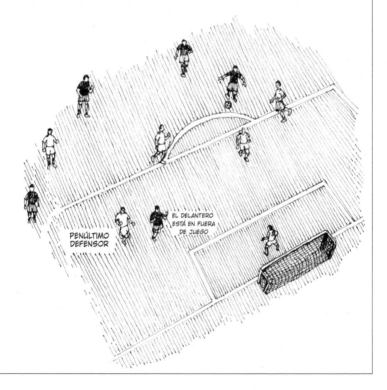

PENÚLTIMO
DEFENSOR

EL DELANTERO
ESTÁ EN FUERA
DE JUEGO

Que un equipo gane su cuarta Copa Mundial en una tanda de penaltis no fue el único drama de ese Mundial. Primero, la superestrella argentina Diego Maradona fue expulsada de la competición al descubrirse que había tomado drogas prohibidas.

Luego, en el partido de Estados Unidos contra Colombia, el defensa colombiano Andrés Escobar cometió un terrible error. Por accidente, pateó el balón en su propia red y marcó para Estados Unidos. Después de ese partido, Colombia ganó

Andrés Escobar

un partido contra Suiza, pero no fue suficiente: Colombia había sido una de las favoritas para ganar la Copa Mundial; ahora estaba fuera. Escobar debió sentirse avergonzado y desconsolado.

Diez días después de este error, Escobar estaba de vuelta en su casa de Medellín, Colombia. Decidió salir con algunos amigos. Pero adondequiera que iba, la gente se burlaba de él. Los fanáticos malintencionados no dejaban que se olvidara del autogol.

Esa misma noche, mientras Escobar caminaba por un aparcamiento, un hombre salió de su coche.

Un testigo afirmó que el hombre dijo: "Gracias por el gol". Y sonaron varios disparos. Escobar, la estrella del fútbol de veintisiete años, yacía en el suelo, muerto. ¡Qué crimen tan absurdo!

Medellín, y el resto del mundo, estuvieron de luto el día del funeral de Escobar. Más de cien mil colombianos esperaron pacientemente para presentar sus últimos respetos. Él había lamentado su error, pero no se regodeó en la autocompasión. De hecho, incluso había escrito un artículo en un periódico colombiano que decía: "Hasta pronto, porque la vida no termina aquí". Lamentablemente, Escobar se equivocó. Los aficionados al fútbol son muy devotos de su deporte, pero todos tienen que ser capaces de tolerar la derrota. Eso forma parte de la práctica de cualquier deporte, no solo del fútbol.

CAPÍTULO 8
Dos anfitriones y un cabezazo

Aunque Estados Unidos estaba en la cúspide por haber sido el anfitrión del Mundial de 1994, no pasó de la primera ronda en los juegos de 1998. Francia, que organizó el Mundial por segunda vez, ganó la Copa ese año.

En 2002, el Mundial llegó a Asia por primera vez, con dos anfitriones: Corea del Sur y Japón. Ambos gastaron decenas de millones de dólares en la puja  por la sede y la FIFA sugirió que los dos países compartieran ese honor. Al principio, Japón se negó, pero con el tiempo aceptó. Los anfitriones

Viejos enemigos

De 1910 a 1945, Japón gobernó Corea. Mientras los japoneses construían nuevas escuelas, carreteras y ferrocarriles, los coreanos eran despojados de su identidad. En la década de 1930, los japoneses incluso prohibieron el uso del idioma coreano en las escuelas y obligaron a los coreanos a adoptar nombres japoneses. Japón ocupó Corea hasta el final de la Segunda Guerra Mundial. Ahora Corea está dividida en dos países: Corea del Norte y Corea del Sur. Aunque en 2002 los japoneses ya hacía tiempo que se habían ido, muchos habitantes de Corea del Sur aún no los habían perdonado.

y el defensor del título (Francia) ocuparon tres plazas, por lo que había veintinueve puestos en juego. Ciento noventa y ocho equipos compitieron en las rondas de clasificación.

La final se disputó el 30 de junio en Yokohama (Japón). En ella se enfrentaron Alemania y el cuatro veces campeón, Brasil. Brasil llegó a la final gracias a un gol de la superestrella Ronaldo Luis Nazario de Lima, conocido simplemente como Ronaldo.

Ronaldo

Ronaldo nació el 18 de septiembre de 1976, en Itaguaí, Brasil. A los doce años se unió a un equipo de fútbol de sala y más tarde fue fichado por un club profesional. A los diecisiete años, fue convocado a la selección brasileña para el Mundial

de 1994, ¡pero lo único que hizo fue calentar el banquillo!

Sin embargo, en la Copa Mundial de 1998, Ronaldo mostró parte de su asombroso talento al marcar cuatro goles y un penalti.

Aunque ganó el Balón de Oro de 1998 como

mejor jugador del torneo, Ronaldo no fue titular en el partido final contra Francia. ¿Por qué? Según un informe, tuvo una convulsión la noche anterior. Después de someterse a pruebas, dijo que se sentía bien. Al final entró de cambio en el partido, pero no jugó bien.

Ahora era 2002, y Ronaldo estaba listo para jugar. Y jugó, anotó ocho goles y ganó la Bota de Oro como máximo goleador de la Copa. Además, contribuyó a que ¡Brasil ganara su quinta Copa Mundial!

Ronaldo volvió a la Copa Mundial de 2006, organizada por Alemania. Pero no pudo ayudar a que Brasil avanzara a la fase final. El partido final de ese año enfrentó a dos potencias, Francia e Italia.

Zinedine Zidane

Italia tenía todos los ingredientes para ganar: una defensa, unos mediocampistas y delanteros muy fuertes. Francia tenía a Zinedine Zidane.

Zidane nació el 23 de junio de 1972 en Marsella, Francia. Hijo de inmigrantes argelinos, creció jugando al fútbol en las calles de la ciudad.

A los diecisiete años, hizo su primera aparición profesional con Francia. Y en 1998, marcó dos goles en la victoria 3-0 de Francia sobre Brasil en la final del Mundial. En 2004, Zidane fue nombrado mejor futbolista europeo de los últimos cincuenta años. En 2006, Zidane tenía treinta y tres años y estaba listo para ayudar a traer la Copa a Francia por segunda vez.

El 9 de julio, en Berlín, Francia saltó al campo

contra Italia en el Olympiastadion. En el minuto 7, Zidane marcó de penalti. Luego el italiano Materazzi metió un tiro de esquina en la red.

Al final del tiempo reglamentario, el marcador seguía empatado a uno. A los veinte minutos de la prórroga, Zidane entró en acción. ¡Pero no fue en busca del balón, fue por Materazzi y le dio un cabezazo en el pecho! El árbitro le sacó la tarjeta roja. Él dijo que fue provocado por Materazzi, pero la falta se mantuvo. Francia tuvo que jugar

sin su estrella. Italia ganó en los penaltis su cuarta Copa Mundial. Francia estaba dolida por esta derrota, sobre todo porque llegó a los penaltis sin su estrella. Pero las reglas son las reglas, e Italia ganó limpiamente. La deportividad (jugar con justicia y respeto) es una aptitud necesaria.

El tiro de esquina

Un tiro de esquina se concede al equipo ofensivo cuando el equipo defensivo patea el balón fuera de los límites de su línea de meta. El balón se coloca en el área de la esquina y se vuelve a poner en juego. A veces se puede marcar un gol en un tiro de esquina.

CAPÍTULO 9
Las protestas

En 2010, por primera vez, la Copa Mundial se celebró en África. El torneo, programado del 11 de junio al 11 de julio, iba a tener lugar en diez estadios de nueve ciudades diferentes de Sudáfrica.

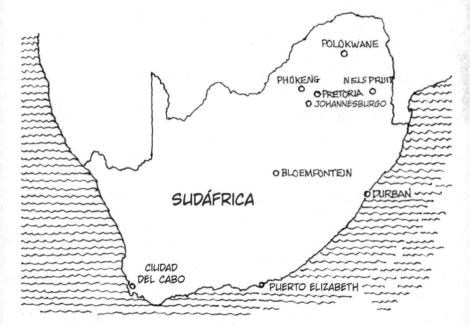

Pero miles de sudafricanos se opusieron a que la Copa Mundial se celebrara en su país. ¿Por qué? Porque se gastaron miles de millones de dólares en la construcción de estadios, mientras muchos sudafricanos ni siquiera tenían agua potable, electricidad o una vivienda digna. Estos manifestantes consideraban que su gobierno se preocupaba más por el fútbol que por sus propios ciudadanos. Sin embargo, los juegos siguieron adelante.

Las protestas continuaron durante todo el Mundial, con una fuerte presencia policial no solo en los estadios sino en todo el país. ¿Afectó esto al equipo local? Tal vez sí. Sudáfrica no pasó de la primera ronda, era la primera vez que le sucedía a un país anfitrión.

La vuvuzela

La vuvuzela es una bocina de plástico larga y de colores brillantes que, al soplarla, emite un ruido muy fuerte. La vuvuzela apareció en la Copa Mundial de 2010, y aunque los aficionados se divirtieron animando a sus equipos con este juguete, a otros les dio un gran dolor de cabeza. Algunos la calificaron de "instrumento de tortura"; otros dijeron que sonaba como un "enjambre de abejas furiosas". Fue prohibida en la Copa Mundial de Brasil de 2014.

Los fanáticos ingleses también tuvieron mucho que lamentar durante esta Copa Mundial. Primero, en un partido contra Estados Unidos, el portero inglés Robert Green dejó que un tiro fácil del delantero estadounidense Clint Dempsey rebotara en sus manos para empatar el partido 1-1. Luego, en un partido contra su acérrimo rival, Alemania, Frank Lampard realizó un disparo que claramente rebotó tras la línea de gol. ¡Pero el árbitro dijo que el gol no valía! La desanimada selección inglesa acabó cayendo ante Alemania y quedó fuera del torneo.

En el último partido del Mundial de 2010, España venció a Holanda por 1-0 en la prórroga, para llevarse a casa su primera Copa Mundial.

La Copa Mundial de 2014, organizada por Brasil, marcó la primera vez que se utilizaron cámaras de alta velocidad para ayudar a los árbitros a saber si el balón realmente había  cruzado la línea de gol. El acuerdo de utilizarlas se tomó después de la decisión errónea en el partido

Inglaterra-Alemania. Con esta tecnología, no es necesario detener el juego para ver la repetición. Los relojes de pulsera de los árbitros reciben una señal 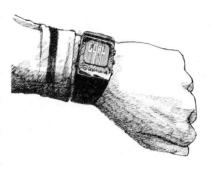 en cuanto el balón cruza la línea de la portería y parpadea "gol" si el gol es válido.

Las pausas para refrescarse, otra novedad, se introdujeron debido al caluroso clima brasileño. Los árbitros podrían decretar estas pausas después del minuto treinta de cada tiempo si la temperatura

superaba los 32 °C, o 90 °F. ¡Qué alivio para los jugadores!

Pero antes de que comenzara esa Copa Mundial miles de personas se manifestaron por todo Brasil, igual que lo hicieron en Sudáfrica. Y por la misma razón. Los manifestantes no creían que su gobierno debía gastar miles de millones de dólares en la construcción de estadios. Consideraban que el gobierno de Brasil debía utilizar el dinero para mejorar los servicios públicos, como la educación y la sanidad. Otras protestas fueron para mostrar apoyo a las aproximadamente 250 000 personas que perdieron sus casas para hacer sitio a los estadios. No se les había pagado lo suficiente para encontrar una nueva vivienda decente. Los manifestantes prendieron fuego, lanzaron piedras y llevaron carteles con la leyenda *FIFA GO HOME* (FIFA VÁYASE A CASA). Hubo mucha simpatía por los manifestantes. Algunos brasileños declararon que no apoyarían a su equipo local y

que apoyarían a otro equipo.

Los juegos continuaron, y Alemania se llevó a casa la Copa por cuarta vez. Sin embargo, los gritos de los manifestantes seguían resonando en los oídos de mucha gente.

El fútbol, un deporte cargado de diversión y emoción, se estaba llenando cada vez más de polémica. Y estaba a punto de empeorar.

CAPÍTULO 10
Controversia

En la mañana del 27 de mayo de 2015, la policía suiza entró en un hotel donde se celebraba una reunión de la FIFA. Siete ejecutivos fueron detenidos y acusados de aceptar dinero de las cadenas de televisión a cambio de los derechos de transmisión de la Copa. Las cadenas de TV ganan mucho transmitiendo la Copa Mundial, y hay mucha competencia para conseguir los derechos de transmisión. También se se les acusó de aceptar sobornos para permitir que algunos países organizaran los juegos. Más tarde, fueron detenidos más directivos de la FIFA y se suspendió al presidente, Sepp Blatter.

La gente empezó a preguntarse si los anfitriones de los Mundiales de 2018 y 2022, Rusia y Catar, habían pagado para conseguir la sede. De ser así, ¿deberían ser descalificados? Pero el nuevo presidente de la FIFA, Gianni Infantino, confía en los anfitriones elegidos. Está entusiasmado con que Catar sea el primer país del Medio Oriente en ser anfitrión. También por primera vez los partidos se jugarán en noviembre y diciembre.

Y 2022 será la última vez que compitan 32 equipos; 48 equipos jugarán en el Mundial de 2026, que será organizado por Estados Unidos, Canadá y México.

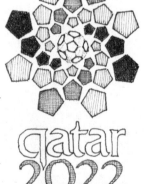

Ninguna otra competencia deportiva capta tanta atención

Copa Mundial Femenina

En Inglaterra, las mujeres juegan al fútbol desde la década de 1890. Pero a partir de 1921, la *English Football Association* prohibió a las mujeres jugar en los mismos campos que los hombres. Este deporte, decían, es "inadecuado para las mujeres y no debe fomentarse". No fue hasta 1971 que se levantó la prohibición.

La primera Copa Mundial Femenina de la FIFA se celebró en China en 1991, más de sesenta años después del primer torneo masculino. En 2015, la selección femenina de Estados Unidos había ganado la Copa tres veces, ¡más que ningún otro país! Ese año, el equipo estadounidense jugó 540 minutos sin permitir que sus oponentes le marcaran un gol.

Hope Solo, portera de la selección femenina de Estados Unidos

del mundo como la Copa Mundial. Desde la primera, celebrada en Uruguay en 1930, ha explotado en popularidad: el Mundial de 2014 fue visto por más de tres mil millones de personas. Y ninguna otra competición tiene tantos altibajos emocionales, desde las victorias históricas hasta las dolorosas derrotas, pasando por las protestas y las polémicas. Además, ofrece muchas horas de entretenimiento y promueve el orgullo nacional. La Copa Mundial celebra uno de los deportes más emocionantes jamás conocidos.

Los ganadores y los anfitriones

AÑO	GANADOR	PAÍS ANFITRIÓN
1930	Uruguay	Uruguay
1934	Italia	Italia
1938	Italia	Francia
1950	Uruguay	Brasil
1954	Alemania Occidental	Suiza
1958	Brasil	Suecia
1962	Brasil	Chile
1966	Inglaterra	Inglaterra
1970	Brasil	México
1974	Alemania Occidental	Alemania Occidental
1978	Argentina	Argentina
1982	Italia	España
1986	Argentina	México
1990	Alemania Occidental	Italia
1994	Brasil	Estados Unidos
1998	Francia	Francia
2002	Brasil	Japón/Corea del Sur
2006	Italia	Alemania
2010	España	África del Sur
2014	Alemania	Brasil
2018	Francia	Rusia
2022		Catar
2026		EE. UU./Canadá/México

Cronología de la Copa Mundial

1904 —	Se funda la FIFA en París
1930 —	La primera Copa Mundial se juega en Uruguay
1934 —	A pesar de algunas preocupaciones, el Mundial se juega en Italia
1938 —	Italia gana su segunda Copa Mundial
1950 —	Se reanuda la Copa Mundial después de doce años
1958 —	La estrella, Pelé, irrumpe en la escena del Mundial
1962 —	Brasil gana su segunda Copa Mundial
1966 —	Inglaterra gana por fin su primera Copa Mundial
1970 —	Se establecen las reglas de las tarjetas amarillas y rojas
1974 —	Comienza el Fútbol Total, en el que los jugadores pueden jugar en cualquier posición del campo
1982 —	Argelia vence a Alemania Occidental en la primera ronda
1986 —	A pesar de un gran terremoto reciente, México es el anfitrión
1994 —	Estados Unidos es el anfitrión de la Copa Mundial
2006 —	El francés Zinedine Zidane es expulsado de la final por dar un cabezazo
2010 —	Miles de sudafricanos protestan por los juegos en su país
2014 —	Los brasileños organizan protestas contra su país por acoger el Mundial
2015 —	Los directivos de la FIFA son detenidos por corrupción
2017 —	Por primera vez desde 1986, la selección masculina de EE. UU. no se clasifica para el Mundial de 2018

Cronología del mundo

1903 — Los hermanos Orville y Wilbur Wright completan el primer vuelo propulsado con éxito

1933 — Los nazis llegan al poder tras las elecciones alemanas; Hitler es nombrado canciller

1939 — Comienza la Segunda Guerra Mundial

1950 — Comienza la Guerra de Corea

1957 — La Unión Soviética envía el Sputnik al espacio

1963 — Martin Luther King Jr. pronuncia el discurso "Tengo un sueño"

1969 — Los astronautas del Apolo 11 pisan la Luna

1971 — La edad para votar en Estados Unidos se baja a 18 años

1973 — Finaliza la guerra de Vietnam

1980 — El ex Beatle John Lennon es asesinado a tiros

1984 — La primera ministra india Indira Gandhi es asesinada

1985 — Se encuentran los restos del Titanic

1994 — Nelson Mandela es elegido presidente de Sudáfrica

1999 — El Comité Olímpico Internacional expulsa a seis miembros acusados de soborno

2003 — El Columbia explota, matando a los siete astronautas

2006 — Plutón es reclasificado como planeta enano

2010 — Un terremoto de 7 grados de magnitud devasta Haití

2017 — Donald J. Trump jura su cargo como presidente de EE. UU.

Bibliografía

*Libros para jóvenes lectores

*Christopher, Matt. *World Cup*. New York: Little, Brown and Company, 2010.

Fiore, Fernando. *The World Cup: The Ultimate Guide to the Greatest Sports Spectacle in the World*. New York: Harper Collins, 2006.

Lisi, Clemente A. *A History of the World Cup 1930–2014*. Lantham, Maryland: Rowman & Littlefield, 2015.

*Petersen, Justin. *World's Greatest Sporting Events: World Cup*. La Jolla, California: Scobre Educational, 2015.